# A MISTERIOSA EQUAÇÃO DE CAMARILHA

O Santo Graal dos Operadores Decodificado

José Manuel Moreira Batista

Copyright © 2015 José Manuel Moreira Batista

Foto original de capa: Ryan Lum/Unsplash

Editora:    MORBAT Lda / [morbat.com](morbat.com)

Traduzido do inglês por: Said Boutsmoumt

said.boutsmoumt@gmail.com

Todos direitos reservados.

"Livros como este, eu considero uma jóia rara. Muitas pessoas não sabem sobre isto, mas definitivamente é uma leitura fantástica. Eu admiro o quão inteligente o autor foi ao escrever este livro. Ele responde a um bocado de perguntas sobre a Equação Camarilha que eu me perguntava há muito, muito tempo já -é como se ele tivesse lido os meus pensamentos. Eu super recomendo este livro para todos investidores por aí!   - *JP*

"Livro excelente. Claro e direto ao ponto. Contém todas as informações necessárias para usar a Equação Camarilha." - *Martinez*

"Vou recomendar este livro a todos os meus colegas." - *Prosper T.*

"Eu realmente adorei este livro... ele me manteve raciocinando e meu cérebro trabalhando do início ao fim.... Eu adoro livros que tem a ver com números e adoro dar um belo de um desafio ao meu cérebro... Este livro é muito bem escrito e muito interessante, com muitos fatos que eu nunca soube...Eu adorei como ele foi minucioso e escreveu de uma forma que qualquer um consegue entender e não necessariamente precisa ser nenhum gênio matemático para poder lê-lo...Ansiosa para ler outros ótimos livros deste autor..." - *Amazon Customer 360*

"Finalmente um livro legível sobre os pontos principais da camarilha. Também inclui ferramentas de teste. Para investidores sérios." - *Leonel Trachu*

# INTRODUÇÃO

*ARTUR: Se não nos mostrarem o Graal, vamos ter que assaltar o castelo!*

*GUARDA: Não nos assustam, seus Ingleses javardos! Ide-vos lixar todos, seus filhos da mãe! Cago-me para ti, rei Artur, para ti e para todos teus Cavaleiros da "Tábua Quadrada"!*

*GALAHAD: Que sujeito esquisito.*

*ARTUR: Veja, meu bom homem...*

*GUARDA: Não quero mais falar contigo, sua besta quadrada sem propósito aparente! Peido-me na tua cara! A tua mãe era uma burra e teu pai cheirava a coentros!*

*GALAHAD: Não há outra pessoa com quem possamos conversar?*

*GUARDA: Não, agora desapareçam ou os insultarei, outra vez!*

*~ Monty Python – Em Busca do Cálice Sagrado*

A Misteriosa Equação Camarilha: O Santo Graal dos Operadores Decodificado é um bisbilhotar por detrás das cortinas deste sistema de negociação que é, supostamente, muito popular e extremamente eficaz e, paradoxalmente, permanece praticamente inexplorado. Ele dá ao leitor um conhecimento prático da Equação Camarilha, bem como as ferramentas para analisá-la ainda mais.

A Misteriosa Equação Camarilha: O Santo Graal dos Operadores Decodificado começa com uma visão afiada da curiosa origem da *camarilha* e, então, se direciona a avaliar as fórmulas e instruções de negociação.

Um procedimento de teste é colocado em prática para analisar o desempenho da Equação Camarilha. Os leitores podem livremente baixar a ferramenta de teste usando o link que se encontra neste livro.

Negocie com bom senso, se divirta e lucre!

*José Manuel Moreira Batista*

# Tabela de Conteúdos

*Um nome misterioso* .................................................................... 5

*Um conto misterioso* ................................................................... 11

*Especulações* .............................................................................. 13

*Uma breve análise* ..................................................................... 15

    **Conceitos fundamentais** ................................................................. 16

    **Preços** ............................................................................................... 17

    **Tendências** ....................................................................................... 19

    **Suporte e resistência** ...................................................................... 21

    **Números Fibonacci** ......................................................................... 22

    **Reversão à média** ........................................................................... 25

    **Fugas (Breakouts)** ........................................................................... 26

    **Pontos de Pivô (Pivot Points)** ......................................................... 28

    **Proporções de ganhos e perdas** .................................................... 30

    **Risco-recompensa** .......................................................................... 31

    **Expectativa** ....................................................................................... 32

*A Equação Camarilha* ................................................................ 33

    **A equação 6x6** ................................................................................. 34

    **Níveis de resistência** ....................................................................... 35

Níveis de suporte ......................................................................... 36

Instruções de negociação ........................................................ 37

    **Negociação de reversão** (Reversal trades) .................................37

    **Negociações de fuga** (Breakout trades) .....................................40

## *Testando a Equação Camarilha ...................................... 43*

    Testando as dificuldades ........................................................... 44

    Lucros, Perdas e risco-recompensa ........................................... 45

        Negociações de reversão longa (Reversal long trades) ...............................45

        Negociações de reversão curta (Reversal short trades) ..........................46

        Negociações de fuga longa (Breakout long trades) ........................................46

        Negociações de fuga curta (Breakout short trades) ......................................47

    Proporção de ganho necessária ................................................ 48

## *Sobre o autor ............................................................... 49*

## *Aviso legal ................................................................... 50*

## Um nome misterioso

O primeiro elemento misterioso da Equação Camarilha começa pelo seu nome. De certa forma, *camarilha* é uma palavra que imediatamente transmite a sensação de que estamos diante de algo obscuro e enigmático. É uma palavra espanhola, definida no *Diccionario de la Real Academia Española*, um dicionário de referência do idioma Espanhol, como "Um grupo de pessoas que sorrateiramente influenciam o Estado ou outras decisões de autoridades superiores." Tanto o *Wikipedia* quanto o *Merriam Webster* concordam, destacando que esse movimento é realizado por "conselheiros não-oficiais" em um "processo por trás dos bastidores". O termo parece ter sido utilizado pela primeira vez durante o segundo reinado de Fernando VII, na Espanha, de 1813 a 1833. Seu regime autocrático foi dirigido por uma camarilha de seus favoritos. A palavra "favoritos" se refere a pessoas de ambos os sexos que tiveram vários graus de intimidade e influência com o monarca ou sua esposa.

As camarilhas mais notórias vieram a ser descobertas mais tarde na Alemanha, com a palavra *Kamarilla* tendo feito seu rumo ao vocabulário Alemão. O príncipe Philipp zu Eulenburg era tido como o líder do que viria a ser conhecido como o Kaiser Willhelm II da Camarilha Gay da Alemanha. Ele foi repetidamente atacado no jornal Die Zukunft, por Maximilian Harden, editor judaico e anti-monarquista do jornal. Harden denunciou Eulenberg como "o líder de uma camarilha sinistra e afeminada" que também incluía o comandante militar da Berlin Count, Kuno von Moltke. A homossexualidade era, naquela época, uma infração penal e o maior escândalo superveniente do segundo Reinado Alemão. Eulenberg e outras figuras proeminentes foram, então, levadas a julgamento, mas não resultou em nada. Apesar dos julgamentos, a influencia de Eulenberg continuou devido aos seus muitos amigos no governo e nas forças militares. Ele era um forte defensor do expansionismo alemão antes e durante a Primeira Guerra Mundial. Depois da guerra, ele aparentemente reconsiderou suas opiniões bélicas. Ele morreu em 1921, um ano antes de Maximilian Harden ser severamente espancado por membros da Freikorps, (organizações paramilitares nacionalistas com uma forte tendência anti-comunista). O líder da Sturmabteilung (S.A.), Ernst Röhm, o líder da Schutzstaffel (S.S.), Heinrich Himmler, e o Protetor do Reino da Boêmia e Morávia, Reinhard Heydrich, entre muitos outros que posteriormente se tornaram líderes nazistas, foram membros do Freikorps.

Eleito o segundo Presidente do Segundo Reinado, a herói de guerra Alemão, Marshall Paul von Hindenburg, também se cercou de uma camarilha. Era liderada por seu próprio filho, Oskar von Hindenburg, e incluía Otto Meissner, General Wilhelm Groener e o General Kurt von Schleicher. Curiosamente, esta camarilha tirou forças a partir de.... Uma fórmula! Era conhecida como Fórmula 25/48/53, onde os números faziam alusão aos três artigos presentes na Constituição da República de Weimar, que permitiu a formação de um governo presidencial. Anos de intrigas e manobras políticas, especialmente da parte de Schleicher, acabou facilitando a subida de Adolf Hitler a Chanceler, em janeiro de 1933.

Após a morte de Hindenburg no ano seguinte, a presidência foi suspensa, o Reichstag dissolvido e todo o poder na Alemanha foi concentrado nas mãos de Hitler e sua própria camarilha nazista. Schleicher foi um dos que foram mortos a tiros em sua casa, em 30 de junho de 1934, durante o sangrento episódio conhecido como a Noite das Facas Longas.

O regime nazista e algumas de suas figuras-chave foram, muitas vezes, ligados ao ocultismo, misticismo, sociedades secretas obscuras, teorias conspiratórias e até mesmo contos de vampiros. Os populares livros "Masquerade" identificavam uma grande seita de vampiros que visava encaixar entre os seres humanos, de modo a se alimentar mais facilmente deles. O seu nome: A Camarilha.

À medida que o fim da Segunda Guerra Mundial se aproximava, houve um recrutamento em massa de cientistas alemães por parte do E.U.A, a parte mais visível e amplamente conhecida do que culminou no Projeto Manhattan e no desenvolvimento de bombas atômicas. No entanto, o âmbito e a amplitude do esforço que arrebatava o intelecto Americano só agora está lentamente vindo à tona. *O Paperclip Conspiracy: The Hunt for the Nazi Scientists* (Operação Paperclip: A Caçada pelos Cientistas Nazistas) por Tom Bower e *Hitler's Suppressed and Still-Secret Weapons (*Armas, Ciência e Tecnologia Suprimidas e Ainda Secretas de Hitler*)* por Henry Stevens são dois de um número cada vez maior de obras que tentam esclarecer o que realmente aconteceu.

Inquestionavelmente, a Alemanha nazista tinha o conhecimento científico e tecnológico mais avançado do mundo em uma grande variedade de áreas. Os Estados Unidos foi o principal beneficiário desse resultado intelectual. É concebível que a União Soviética (agora

Rússia) e o Reino Unido também tenham se beneficiado, embora em uma escala muito menor. Alguns dos registros foram provavelmente perdidos, destruídos ou escondidos. Em outros casos, eles foram vendidos clandestinamente, como aconteceu na Berlim Ocidental em fevereiro de 1988. Nessa ocasião, dezenas de milhares de arquivos nazistas desapareceram de um escritório de registros e, é de se presumir, que tenham sido adquiridos por revendedores militares e colecionadores de memorabilia. Um operador erudito e misterioso da Internet afirma que em 1989, poucos meses após os documentos nazistas desaparecerem, e como os teóricos da conspiração apontam, "um operador bem-sucedido de títulos, chamado Nick Scott, descobriu a Equação Camarilha enquanto negociava diariamente ".

Quem foi Nick Scott? Uma pesquisa de Internet por "Nick Scott" levam a alguns sujeitos que, obviamente, não podem ser a pessoa em questão. Muitos sites repetem a história de que ele foi o cérebro por detrás da equação, mas sem acrescentar nenhuma outra informação relevante ou questionar o fato. O único site aparentemente notável é o **CamarilhaEquation.com** que transcreve uma entrevista com o elusivo operador. O **CamarilhaEquation.com** é um site peculiar que não possui nenhuma página "Sobre Nós" ou "Fale Conosco". A maioria de suas informações se refere a negociações diárias com a Equação Camarilha e remonta a 2003, ano em que o domínio foi registrado. O site parece servir basicamente como um espaço reservado para a entrevista do Nick Scott e um indicador para outro site, o **SureFireThing.com** (mais tarde veremos mais sobre isto).

Nesta famosa entrevista, Nick Scott é descrito como um homem de meia-idade, alto, acima do peso e que curte beber um pouco além da conta, mas que possui um intelecto aguçado. A conversa é dita ter lugar em um bar localizado em um bairro de luxo, onde Scott vive com sua esposa e filhos. O texto não tem fotos do local e nem do entrevistado ou entrevistador, cuja identidade nunca é mencionada.

Existem dois temas na breve entrevista. As primeiras tentativas de estabelecer Nick Scott como um intelectual de peso-pesado com "uma educação clássica em uma escola de vôo de ensino superior" e um operador superior: "A razão qual eu sou Nick Scott e você não é, é que eu me adapto diariamente". A entrevista também aponta para as grandes fontes de inspiração para a equação: padrões de reconhecimento, números Fibonacci, Perfil de Mercado de Steidlmayer (Steidlmayer's Market Profile) e até uma referência incorreta ao "Golden Mean" (um conceito filosófico aristotélico), confundindo o mesmo com o "Golden Ratio" (uma relação matemática entre dois números).

Se alguém quisesse estabelecer credenciais de alguém como um super operador de mercado financeiro nos anos 80, se gabar do rótulo de "operador de títulos", certamente, serviria para alcançar esse objetivo. Quando o Presidente da Reserva Federal, Paul Volcker, estreitou a oferta monetária para combater a inflação, as taxas de juros subiram para níveis recordes e, assim, se fez a negociação de títulos. Agravando os déficies orçamentais federais e colocando fogo à arena de renda fixa, enquanto o abastecimento dos títulos do Tesouro público disparava. As indústrias de Poupança e Empréstimo se uniram ao frenesi especulativo depois de serem desregulamentadas pelo Congresso. Michael Milken surgiu com o conceito revolucionário de títulos-lixo (junk bonds), que alimentaram a febre dominante que prontamente se seguiu. Legiões de universitários recém-formados em administração, que ainda estavam engatinhando na área, foram moldados em banqueiros de investimentos e fizeram milhões da noite para o dia aconselhando sobre as mega-ofertas da década. No bestseller de Tom Wolfe, de 1897, "The Bonfire of the Vanities" (A Fogueira das Vaidades), o personagem principal era um operador de títulos "mestre do universo", chamado Sherman McCoy. Dois anos depois, o "Liar's Poker" de Michael Lewis chegou às prateleiras, contando suas experiências como vendedor de títulos no Salomon Brothers. O bem-sucedido operador de títulos, Nick Scott, com certeza se misturou com o pessoal certo!

O segundo tema da entrevista nos leva ao terceiro mistério, que é a própria equação em si.

## Um conto misterioso

Uma pesquisa no *Google* por "Equação Camarilha" nos traz cerca de 48.000 resultados. Muitos destes resultados decifram a Equação Camarilha. Alguns destes sites onde você poderá encontrar a equação declaram que eles "acharam", "descobriram" ou "desvendaram" a mesma. Alguns a atribuem ao "bem-sucedido operador de títulos, Nick Scott", enquanto outros dizem ter "encontrado na rede". Também há aqueles que não dizem nada sobre a sua proveniência.

Então, existem dezenas de diferentes equações por aí? Não. As várias versões da equação são bastante consistentes, ou seja, elas têm basicamente a mesma formulação com pequenas variações. Com outras palavras, elas provavelmente têm a mesma raiz. Isto significa que quer elas foram copiadas a partir da mesma fonte, ou várias pessoas usaram de engenharia reversa e chegaram ao mesmo conjunto de fórmulas que o original, ou ambas opções.

Isto nos leva de volta ao segundo tema da entrevista, uma série de textos que visam distinguir a original e secreta Equação Camarilha das imitações disponíveis na Internet. De acordo com a entrevista, a verdadeira equação Camarilha nunca foi revelada e Nick Scott a licenciou apenas ao site **SureFireThing.com**. A equação implica em um "processo muito complicado", que "não vai caber em poucas linhas de código". Nick Scott destaca que a complexidade da matemática envolvida era algo que tornaria muito improvável que outras pessoas descobrissem a equação. Em suas palavras, outras versões da Equação Camarilha "não funcionam tão bem como a original, pelo que me disseram."

Uma visita ao site **SureFireThing.com** revela que também não tem uma página "Sobre Nós". Até tem uma seção "Fale Conosco", mas a pessoa deve se registrar primeiro para ser capaz de usá-la. Este é um site de associação e ao comprar a assinatura mensal ($ 179 a última vez que verifiquei) é que se permite o acesso à Equação Camarilha do SureFireThing, a primeira e única desenvolvida pelo bem-sucedido operador de títulos, Nick Scott. Este é também o único site encontrando na pesquisa do *Google* que, de fato, cobra pela equação, enquanto todos os outros compartilham ela gratuitamente.

# Especulações

Do que se trata tudo isso? Seriam Nick Scott e sua entrevista nada mais do que invenção? Com as evidências disponíveis, esta hipótese, certamente, não pode ser descartada. Mas por que alguém iria se dar a tanto trabalho? Há várias respostas possíveis, tudo decorrente da vontade de ganhar dinheiro vendendo a equação em vez de simplesmente negociar com ela. Para isto, tudo que alguém precisaria era de um corretor.

**Especulação 1**

Vamos supor que John Doe se depare com a equação e queira vendê-la. Se tratando do John Doe, ele não possui nenhuma credibilidade, em especial, para ajudá-lo a comercializar o sistema. Mas John é um cara criativo e inventa um nome chique e criativo, a Equação Camarilha. Para dar credibilidade, ele espalha boatos sobre a mesma ter sido elaborada por um super operador de títulos, Nick Scott. As vendas começam a acontecer e o futuro parece promissor. Mas, então, alguns dos operadors que estavam usando a equação acabaram por desvendá-la e começaram a compartilhá-la. As vendas despencaram. O que fazer? Novamente, John Doe surge com uma idea genial: entrevistar o tal do Nick Scott e diferenciar a verdadeira, original e secreta equação de todas aquelas malditas imitações!

**Especulação 2**

Outra possibilidade: suponhamos que o criador da equação seja real. Ele realmente é um famigerado "operador extraordinário". Ele quer vender a sua invenção, mas a sua esposa, querendo se divorciar, está limpando a sua conta bancária, ou o seu contrato de trabalho o força a entregar qualquer propriedade intelectual ao seu empregador, ou por qualquer outro motivo ele não queira que seu nome seja associado a esta especulação comercial. O que ele deveria fazer? Hmm... – Que tal uma sutil mudança de nome?

**Especulação 3**

Terceiro cenário: O operador Tim comprou um documento com fórmulas matemáticas que, após experimentos, se torna a base de um sistema de negociação um tanto promissor. Infelizmente, o autor do documento, mesmo sendo genial, possui um passado obscuro e está fortemente associado com indivíduos desagradáveis. Tim percebe que precisa alterar a história para comercializar e impulsionar o sistema.

Frequentemente se diz que a realidade é mais estranha que a ficção, mas qualquer que seja a verdade acerca das origens da Equação Camarilha e a verdadeira identidade de seu criador, a pergunta mais importante a ser respondida é: -*Isso funciona?*

# Uma breve análise

## Conceitos fundamentais

A Equação Camarilha é baseada em uma análise técnica que objetiva prever os preços futuros ao avaliar o equilíbrio de poder entre as forças de oferta e demanda. A análise técnica tem como princípios básicos, que:

a) O mercado subtrai em tudo;

b) Os preços se movem de acordo com tendências;

c) A história se repete.

Vale a pena rever brevemente as ferramentas de análise técnica que parecem mais intimamente relacionadas com a elaboração da Equação Camarilha e o seu posicionamento nas negociações. Os principais conceitos que permitem testar uma estratégia de negociação são concisamente descritos nesta seção.

# Preços

A qualquer momento em questão, o preço de um ativo representará as expectativas de consenso dos compradores (que esperam que o preço suba) e os vendedores (que esperam que o preço caia). Vários tipos de preços são frequentemente utilizados:

**Aberto** (Open) – o preço para a primeira negociação daquele período (por ex.: a primeira negociação da manhã).

**Alto** (High) – o preço mais alto que foi negociado durante aquele período. Neste momento, começará a aparecer mais vendedores do que compradores.

**Baixo** (Low) – o preço mais baixo que foi negociado durante aquele período. Este será o momento onde aparecerá mais compradores do que vendedores.

**De fechamento** (Close) – o preço da última negociação daquele período (por ex.: a última negociação da noite).

**Mediano** (Median) – a média entre os preços altos e baixos daquele período.

**Típico** (Typical) – a média entre os preços altos, baixos e de fechamento daquele período.

**Fechamento poderado** (Weighted close) – A soma do preço alto, baixo e duas vezes o de fechamento divididos por quatro.

**Faixa de Preço** (Price Range) – a diferença entre o preço mais alto e o mais baixo.

Por exemplo, no dia 21 de abril, o índice S&P 500 abriu em 1,865.79 e chegou ao mais alto de 1,871.89 e o mais baixo de 1,863.18, fechando em 1,871.89. Os valores calculados são:

**Médio** (Median): (1,871.89 + 1,863.18) / 2 = 1,867.54

**Típico** (Typical): (1,871.89 + 1,863.18 + 1,871.89) / 3 = 1,868.99

**Fechamento ponderado** (Weighted close): (1,871.89 + 1,863.18 + 1,871.89 x 2) / 4 = 1,869.71

**Faixa de preço** (Range): 1,871.89 - 1,863.18 = 8.71.

## Tendências

Uma tendência é a direção geral de um preço. Há as tendências ascendentes (uptrends) (onde o preço está aumentando) e as tendências descendentes (downtrends) (onde o preço está diminuindo) e os movimentos laterais (sideways movement) (uma ausência de uma evidente tendência ascendente ou descendente).

Uma tendência ascendente (uptrend) é formada de uma série de altos maiores e menores. Uma linha de tendência ascendente é uma linha traçada com os pontos baixos de uma tendência ascendente.

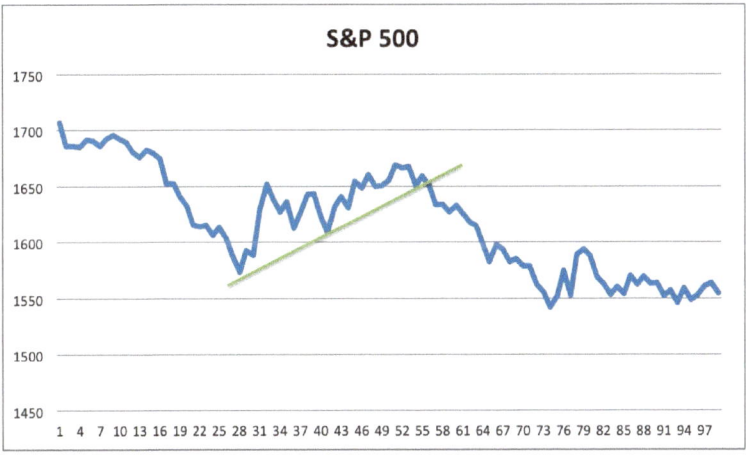

Tendência ascendente no gráfico do índice S&P 500.

Uma tendência descendente (downtrend) é formada por uma série de baixos maiores e menores. Uma linha de tendência descendente é uma linha traçada nas elevações da tendência de queda.

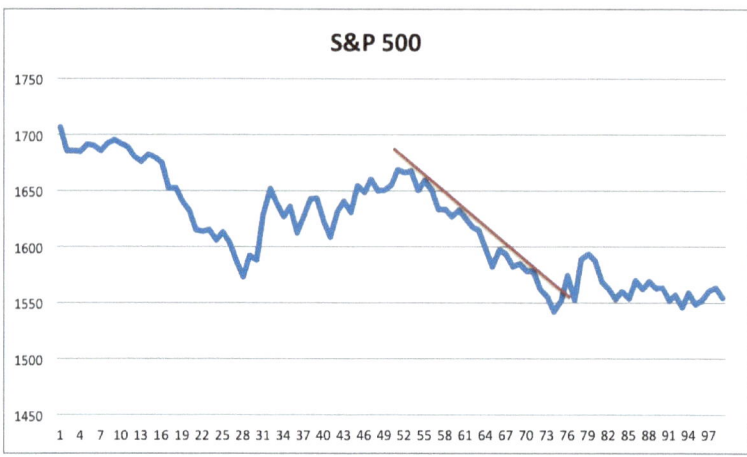

Tendência descendente em um gráfico do índice S&P 500.

Uma tendência lateral (sideways) ou horizontal não possui uma ação ascendente ou descendente discernível.

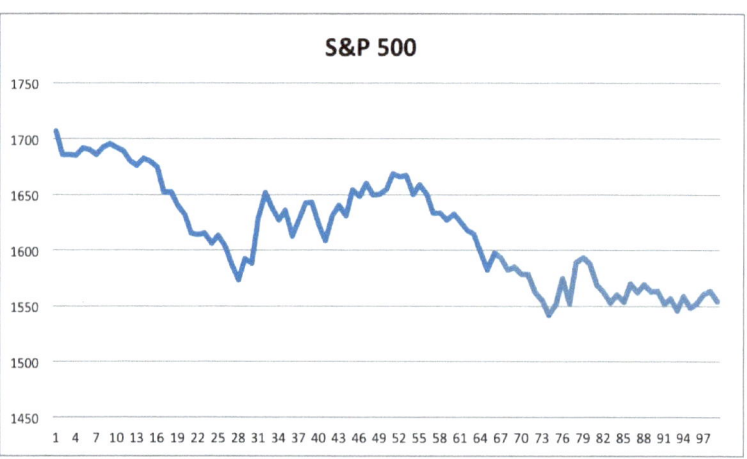

Tendência lateral em um gráfico do índice S&P 500.

## Suporte e resistência

Suporte é um nível de preço abaixo, o qual os participantes do mercado não esperam que o preço do ativo caia. Por outro lado, a resistência é o nível de preços acima, o qual os participantes do mercado não esperam que o preço do ativo suba. No suporte, muitos compradores estão dispostos a comprar o ativo. Na resistência, muitos vendedores estão dispostos a vendê-los. Se o nível de suporte ou resistência estiver quebrado significa que as expectativas mudaram. Frequentemente, se o preço cai abaixo do nível de suporte, este nível, então, se tornará um nível de resistência. Por outro lado, se o preço subir acima do nível de resistência, se tornará um nível de suporte.

Suporte (verde) e Resistência (vermelho).

## Números Fibonacci

Leonardo Pisano Bigollo, conhecido como Fibonacci, foi um matemático Italiano muito importante do século XIII, que introduziu o sistema numérico Hindu–arábico na Europa. Ele também difundiu umas sequências de números que viriam a ser conhecidas como números Fibonacci. Em uma sequência Fibonacci, os primeiros dois números são por definição 0 e 1 e depois cada número na série é a soma dos dois números anteriores:

0, 1, 1, 2, 3, 5, 8, 13, 21, 34, 55, 89, 144, etc.

Parece que esta sequência foi desenvolvida para responder a questão de quantos pares de coelhos resultarão de um único casal por ano, se a cada mês cada casal produzir um novo par, o qual a partir do segundo mês em diante se tornaria reprodutivo. Aparentemente, os números de Fibonacci aparecem em todo o mundo natural. Tanto no número de folhas em uma planta quanto o número de pétalas de uma flor tendem a ser um número de Fibonacci.

Se um número da série de Fibonacci for dividido pelo número que o segue, o indivíduo obterá aproximadamente a **proporção áurea** (golden ratio), ou 61.8% do que é encontrado em várias proporções naturais. Outras proporções significativas são obtidas ao dividir um número da série por algum que esteja localizado 2,3, etc. de posições à sua direita. Por exemplo: 89/144 = 61.8%, 55/144 = 38.2%, 34/144 = 23.6%.

## Números e rácios de Fibonacci

| Séries | Rácio N / N+1 | Rácio N / N+2 | Rácio N / N+3 |
|---|---|---|---|
| 1 | 0.500 | 0.333 | 0.200 |
| 2 | 0.667 | 0.400 | 0.250 |
| 3 | 0.600 | 0.375 | 0.231 |
| 5 | 0.625 | 0.385 | 0.238 |
| 8 | 0.615 | 0.381 | 0.235 |
| 13 | 0.619 | 0.382 | 0.236 |
| 21 | 0.618 | 0.382 | 0.236 |
| 34 | 0.618 | 0.382 | 0.236 |
| 55 | 0.618 | 0.382 | 0.236 |
| 89 | 0.618 | 0.382 | 0.236 |
| 144 | 0.618 | 0.382 | 0.236 |
| 233 | 0.618 | 0.382 | 0.236 |
| 377 | 0.618 | 0.382 | 0.236 |

Números Fibonacci

Por razões misteriosas, estas proporções determinam níveis importantes de suporte e resistência dos preços dos ativos. Os níveis são calculados usando um processo conhecimento como Retrações de Fibonacci (Fibonacci retracements). Esta consiste em pegar um ponto alto e um baixo no gráfico e dividir o gráfico pelas proporções

Fibonacci. Os níveis identificados neste processo serão os níveis de suporte e resistência.

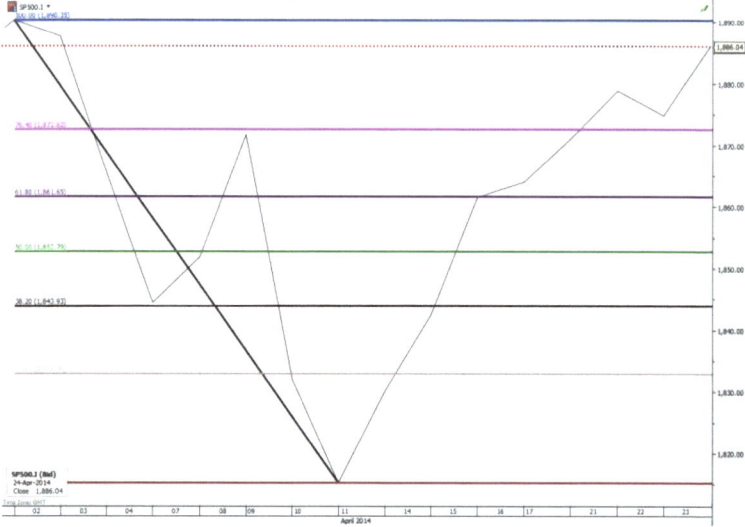

**Retração de Fibonacci** (Fibonacci retracement) – *Gráfico da plataforma SaxoTrader2 do Saxo Bank.*

No dia 2 de abril, o S&P500 fechou em 1,890.35. Nos dias seguintes, caíram e no dia 11 de abril fechou em 1,815.23. Pegando estes dois pontos como um alto e baixo, o gráfico acima mostra os níveis de retração de Fibonacci (Fibonacci retracement). Em 23 de abril, o S&P500 fechou em 1,875.39 em seu retorno aos 1,890.35, tendo os níveis de resistência- chave ultrapassados.

## Reversão à média

A tendência de os preços convergirem (regressarem) em um valor médio ao longo do tempo é chamada **reversão à média.** Por exemplo, se o preço recente de um estoque excede significativamente a sua média em longo prazo, pode-se esperar que caia em um futuro próximo ao passo que regressará à sua média. Da mesma forma, se o preço recente de um estoque estiver significativamente abaixo da sua média de longo prazo, pode-se esperar que suba em breve.

Podem haver razões fundamentais que justifiquem a orientação a partir de uma média histórica (por exemplo, pense na introdução do iPod pela Apple). Reversão à média funciona muitas vezes, mas há um ponto em que ela simplesmente pára de funcionar.

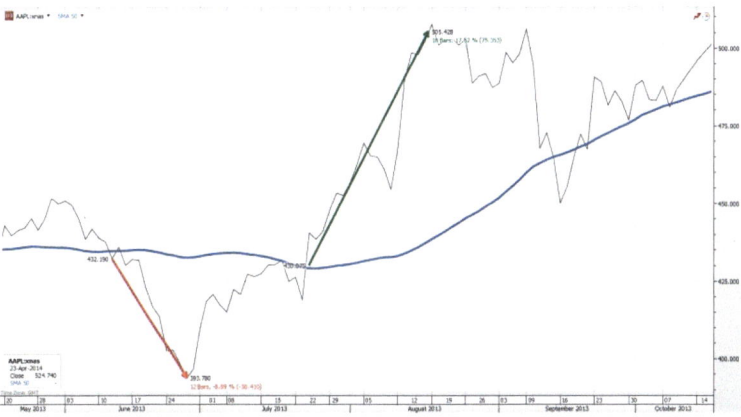

Reversão à média (AAPL) – *Gráfico da plataforma SaxoTrader2 do Saxo Bank.*

## Fugas (Breakouts)

Quando o preço de um ativo se move através do suporte ou da resistência ocorre uma **fuga** (breakout). Algumas vezes, o termo *fuga (breakout)* é usado para se referir ao movimento através da resistência e o termo *colapso (breakdown)* é usado para se referir ao movimento através do suporte.

Quando uma **fuga** (breakout) ocorre, é mais provável que aconteçam mais compras e um aumento adicional nos preços é de se esperar. O nível de resistência anterior, agora, se torna um nível de suporte.

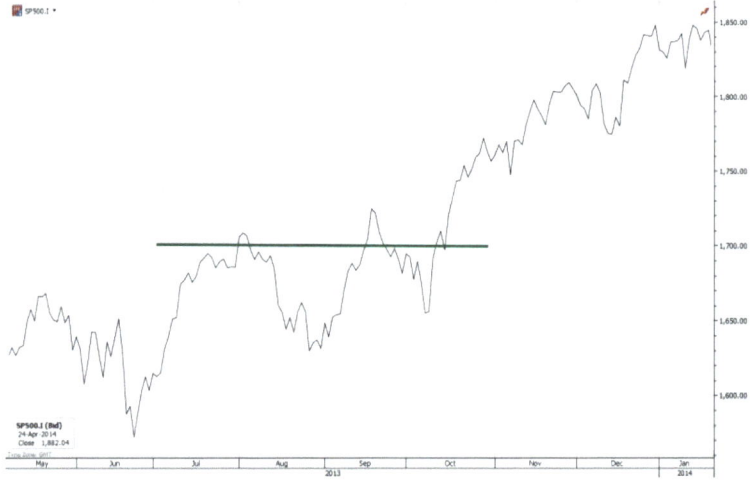

**Fuga** (Breakout) – *Gráfico da plataforma SaxoTrader2 do Saxo Bank.*

Quando um **colapso** (breakdown) ocorre, é mais provável de se ter mais vendas e de se esperar uma diminuição adicional nos preços. O que era anteriormente um nível de suporte, agora, se torna um nível de resistência.

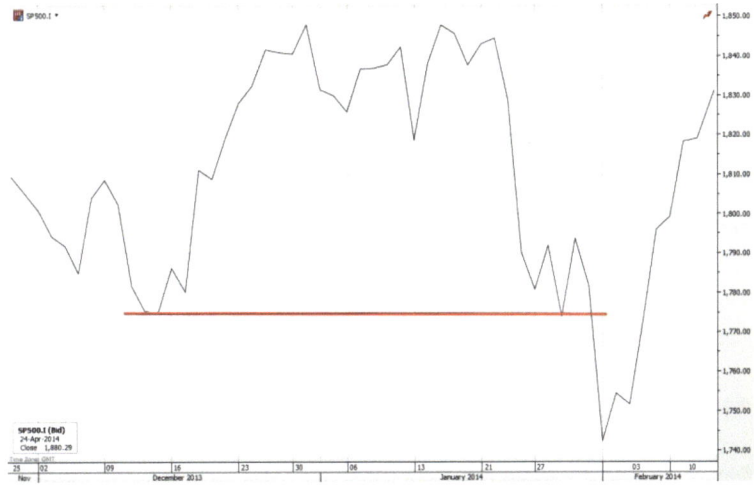

**Colapso** (Breakdown) – *Gráfico da plataforma SaxoTrader2 do Saxo Bank.*

## Pontos de Pivô (Pivot Points)

Estes são indicadores de análise técnica usados para determinar a tendência geral do mercado ao longo de períodos diferentes. O ponto e pivô (pivot point) do dia ou período será o preço típico do dia ou período anterior. A negociação acima do ponto de pivô (pivot point) é considerada altista (bullish), enquanto a negociação abaixo do ponto de pivô é considerada baixista (bearish). Há inúmeras fórmulas para os pontos de pivô (pivot point), uma delas sendo os **Pontos de Piso do Pivô** (Floor Pivot Points), o qual define os níveis de suporte e resistência para um dia N calculado da seguinte forma:

**Ponto de Pivô $_N$ (PP)** = (Alta $_{N-1}$ + Baixa $_{N-1}$ + Fechamento $_{N-1}$) / 3

**Primeiro ponto de resistência (R1)** = 2 x Ponto de Pivô $_N$ − Baixa $_{N-1}$

**Segundo ponto de resistência (R2)** = Ponto de Pivô $_N$ + Alta $_{N-1}$ - Baixa $_{N-1}$

**Terceiro ponto de resistência (R3)** = Alta $_{N-1}$ + 2 x (Ponto de Pivô $_N$ − Baixa $_{N-1}$)

**Primeiro ponto de suporte (S1)** = 2 x Ponto de Pivô $_N$ − Alta $_{N-1}$

**Segundo ponto de suporte (S2)** = Ponto de Pivô $_N$ - Alta $_{N-1}$ + Baixa $_{N-1}$

**Terceiro ponto de suporte (S3)** = Baixa $_{N-1}$ - 2 x (Alta $_{N-1}$ − Ponto de Pivô $_N$)

Lembre-se que, no dia 21 de abril, o índice S&P 500 teve uma alta de 1,871.89, e baixa de 1,863.18, e preço de fechamento em 1,871.89. Para o dia 22 de abril, os cálculos dos pontos de piso de pivô (Floor Pivot Point) serão:

**PP** = (1,871.89 + 1,863.18 + 1,871. 89) / 3 = 1,868.99

**R1** = 2 x 1,868.99 − 1,863.18 = 1,874.79

**R2** = 1,868.99 + 1,871.89 - 1,863.18 = 1,877.70

**R3** = 1,871.89 + 2 x (1,868.99 - 1,863.18) = 1,883.50

**S1** = 2 x 1,868.99 – 1,871.89 = 1,866.08

**S2** = 1,868.99 – 1,871.89 + 1,863.18 = 1,860.28

**S3** = 1,863.18 - 2 x (1,871.89 – 1,868.99) = 1,857.37

## Proporções de ganhos e perdas

A proporção de ganho de uma estratégia de negociação é obtida ao dividir o número de negociações bem-sucedidas geradas pelo número total de negociações geradas:

**Proporção de ganhos** = Número de negociações vencedoras / número total de negociações

A proporção de perdas é calculada ao se subtrair a proporção de ganhos de 1:

**Proporção de perdas** = 1 - (proporção de ganhos)

## Risco-recompensa

A **relação risco-recompensa** é uma comparação entre a média de ganhos, quando a estratégia de negociação resulta em uma negociação bem-sucedida, e a média de perdas, quando a negociação se demonstra mal-sucedida:

**Relação risco-recompensa** = (média de ganhos, se a negociação for bem-sucedida) / (média de perdas, se a negociação for mal-sucedida)

A **relação de limite de risco-recompensa** é a comparação entre a quantia máxima ganha quando uma estratégia de negociação resulta em uma negociação bem-sucedida e a quantia máxima de perda quando se resulta em uma negociação mal-sucedida:

**Relação de limite de risco-recompensa** = (quantia máxima ganha, caso a negociação seja bem-sucedida) / (quantia máxima de perda, caso a negociação tenha sido mal-sucedida).

## Expectativa

A **expectativa** de uma estratégia de negociação é a medida que combina a relação risco-recompensa e as proporções de ganhos e perdas, e nos diz se uma estratégia será lucrativa em longo prazo.

**Expectativa** = (risco-recompensa) x (proporção de ganhos) - (proporção de perdas)

Se a estratégia tiver uma expectativa positiva, então, irá fazer dinheiro a longo prazo. Se a expectativa da negociação for negativa, perderá dinheiro a longo prazo e não deve ser apostada. Se a Estratégia A tiver uma expectativa maior que a Estratégia B, então devemos preferir a Estratégia A em vez da Estratégia B.

A expectativa limite (limit expectancy) é calculada da mesma forma, mas usando o limite de risco-recompensa em vez do risco-recompensa (médio).

# A Equação Camarilha

## A equação 6x6

Como mencionado anteriormente, existem várias versões da Equação Camarilha disponíveis em sites e fóruns da Internet. Eu vou apresentar a fórmula, aparentemente mais abrangente, que calcula seis níveis de suporte e de resistência, enquanto a maioria das outras versões calculam apenas quatro.

A Equação Camarilha se inicia ao calcular a faixa de preço do período anterior (preço mais alto – preço mais baixo). Ela, então, segue a aumentar aquela faixa em 10% e, depois, sucessivamente adicionar um duodécimo, um sexto, um quarto e um meio daquele valor ao preço do período de fechamento anterior para se determinar os primeiros quatro níveis de resistência. Os primeiros quatro níveis de suporte são definidos simetricamente ao se subtrair os mesmos valores do preço de fechamento do período anterior.

Os dois últimos níveis de resistência e suporte são calculados em cima dos quatro valores anteriores, como será descrito mais à frente, e com uma mãozinha do famoso número 1.168 de Fibonacci.

## Níveis de resistência

Os **níveis de resistência** são calculados da seguinte maneira:

**Nível de resistência 1 (R1)** = Fechamento $_{N-1}$ + Faixa de Preço $_{N-1}$ x 1.1 / 12

**Nível de resistência 2 (R2)** = Fechamento $_{N-1}$ + Faixa de Preço $_{N-1}$ x 1.1 / 6

**Nível de resistência 3 (R3)** = Fechamento $_{N-1}$ + Faixa de Preço $_{N-1}$ x 1.1 / 4

**Nível de resistência 4 (R4)** = Fechamento $_{N-1}$ + Faixa de Preço $_{N-1}$ x 1.1 / 2

**Nível de resistência 5 (R5)** = R4 + (R4 - R3) x 1.168

**Nível de resistência 6 (R6)** = Alta $_{N-1}$ / Baixa $_{N-1}$ x Fechamento $_{N-1}$

Os cálculos dos primeiros quatro níveis de resistência sempre seguem o mesmo padrão: simplesmente se adiciona uma fração crescente da faixa de preço anterior aumentada de 10% ao preço de fechamento do dia anterior. A quinta resistência é obtida ao adicionar ao R4 um múltiplo Fibonacci da diferença entre o R4 e o R3. Finalmente, chegamos ao sexto nível de resistência ao aplicar a variação do preço do dia anterior ao preço de fechamento do dia anterior.

Portanto, para o dia 22 de abril, os pontos de resistência seriam:

**R1**= 1,871.89 + 8,71 x 1.1 / 12 = 1,872.69

**R2** = 1,871.89 + 8,71 x 1.1 / 6 = 1,873.49

**R3** = 1,871.89 + 8,71 x 1.1 / 4 = 1,874.29

**R4** = 1,871.89 + 8,71 x 1.1 / 2 = 1,876.68

**R5** = 1,876.68 + (1,876.68 – 1,874.28) x 1.168 = 1,879.48

**R6** = 1,871.89 / 1,863.18 x 1,871.89 = 1,880.64

## Níveis de suporte

Os **níveis de suporte** são calculados da seguinte forma:

**Nível de suporte 1 (S1)** = Fechamento $_{N-1}$ - Faixa de Preço $_{N-1}$ x 1.1 / 12

**Nível de suporte 2 (S2)** = Fechamento $_{N-1}$ - Faixa de Preço $_{N-1}$ x 1.1 / 6

**Nível de suporte 3 (S3)** = Fechamento $_{N-1}$ - Faixa de Preço $_{N-1}$ x 1.1 / 4

**Nível de suporte 4 (S4)** = Fechamento $_{N-1}$ - Faixa de Preço $_{N-1}$ x 1.1 / 2

**Nível de suporte 5 (S5)** = S4 - (S3 - S4) x 1.168

**Nível de suporte 6 (S6)** = Fechamento $_{N-1}$ - (R6 - Fechamento $_{N-1}$)

O cálculo dos primeiros quatro níveis de suporte sempre seguirá o mesmo padrão: simplesmente se subtrai do preço de fechamento do dia anterior uma fração crescente da faixa de preço anterior aumentada por 10%. O quinto nível de suporte é obtido ao se subtrair do S4 um múltiplo de Fibonacci da diferença entre o S3 e o S4. Então, finalmente, chegamos ao sexto nível de suporte ao subtrairmos do preço de fechamento do dia anterior a sua diferença do R6.

Logo, para os níveis de suporte do dia 22 de abril, teríamos:

**S1** = 1,871.89 – 8.71 x 1.1 / 12 = 1,871.09

**S2** = 1,871.89 – 8.71 x 1.1 / 6 = 1,870.29

**S3** = 1,871.89 – 8.71 x 1.1 / 4 = 1,869.49

**S4** = 1,871.89 – 8.71 x 1.1 / 2 = 1,867.11

**S5** = 1,867.11 - (1,869.49 – 1,867.11) x 1.168 = 1,864.30

**S6** = 1,871.89 - (1,880.64 – 1,871.89) = 1,863.14.

## Instruções de negociação

A Equação Camarilha nos dá recomendações específicas de negociação baseadas no posicionamento do preço relativo de abertura aos seus níveis de resistência e suporte calculados. Além disso, diferentemente da maioria dos sistemas de negociação que são orientados pela reversão à média ou seguimento de tendências, a Equação Camarilha sugere tanto as negociações de reversão quanto as de fuga.

## Negociação de reversão (Reversal trades)

Se o preço de abertura cair no intervalo entre o nível de suporte 3 (S3) e o nível de resistência 3 (R3), uma negociação de reversão à média estará no horizonte.

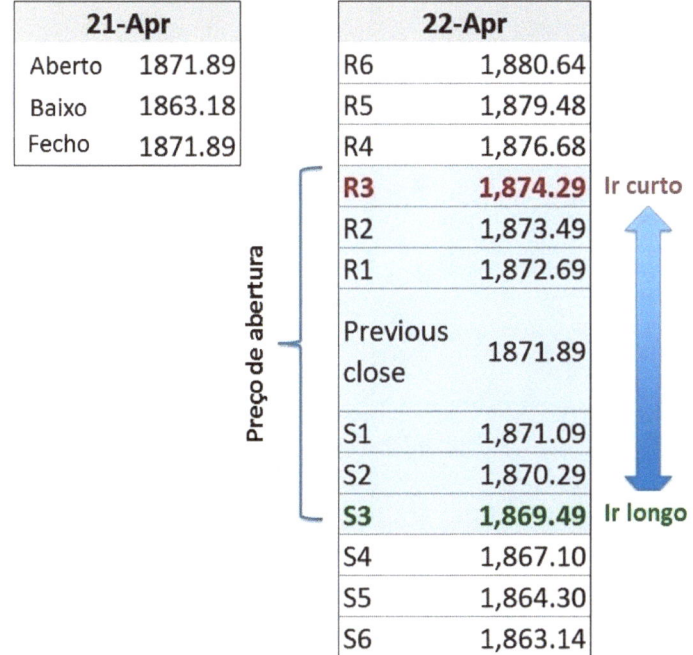

Faixa de entrada de uma negociação de reversão

*A. Será Longa* (Go Long) quando o preço alcançar o S3. As metas de lucros estão no R1, R2 e R3 e o *stop loss* se dá no S4.

| 22-Apr | |
|---|---|
| R6 | 1,880.64 |
| R5 | 1,879.48 |
| R4 | 1,876.68 |
| **R3** | **1,874.29** |
| **R2** | **1,873.49** |
| **R1** | **1,872.69** |
| Previous close | 1871.89 |
| S1 | 1,871.09 |
| S2 | 1,870.29 |
| **S3** | **1,869.49** — Ir longo |
| **S4** | **1,867.10** — Stop |
| S5 | 1,864.30 |
| S6 | 1,863.14 |

Metas de lucro ↑

**Negociação de reversão longa** (Long reversal trade)

*B.* Será *Curta* (Go Short) quando o preço alcançar o R3. As metas de lucros estão no S1, S2 e S3 e o stop loss no R4.

|  | 22-Apr |  |
|---|---|---|
| R6 | 1,880.64 | |
| R5 | 1,879.48 | |
| **R4** | **1,876.68** | **Stop** |
| **R3** | **1,874.29** | Ir curto |
| R2 | 1,873.49 | |
| R1 | 1,872.69 | |
| Previous close | 1871.89 | |
| **S1** | **1,871.09** | |
| **S2** | **1,870.29** | Metas de lucro |
| **S3** | **1,869.49** | |
| S4 | 1,867.10 | |
| S5 | 1,864.30 | |
| S6 | 1,863.14 | |

**Negociação de reversão curta** (Short reversal trade)

## Negociações de fuga (Breakout trades)

Se o preço de abertura cair no intervalo entre o nível de resistência 3 (R3) e o nível de resistência 4 (R4) ou entre o nível de suporte 3 (S3) e o nível de suporte 4 (S4), uma negociação de fuga se encontrará na horizontal.

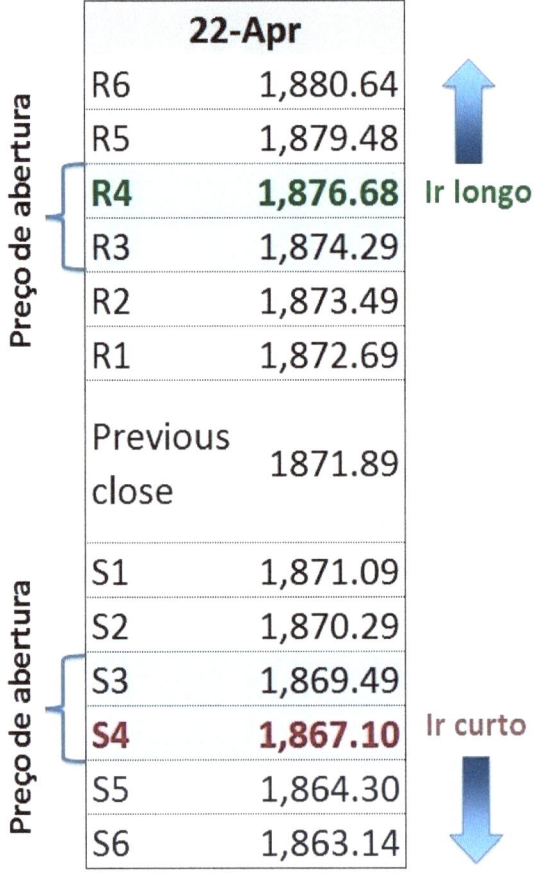

Faixa de entrada de uma negociação de fuga.

A. *Será Longa* (Go Long) quando o preço alcançar o R4. As metas de lucro estão no R5 e R6. E o *Stop loss* no R3.

| | 22-Apr | |
|---|---|---|
| R6 | 1,880.64 | Metas de lucros |
| R5 | 1,879.48 | |
| R4 | 1,876.68 | Ir longo |
| R3 | 1,874.29 | Stop |
| R2 | 1,873.49 | |
| R1 | 1,872.69 | |
| Previous close | 1871.89 | |
| S1 | 1,871.09 | |
| S2 | 1,870.29 | |
| S3 | 1,869.49 | |
| S4 | 1,867.10 | |
| S5 | 1,864.30 | |
| S6 | 1,863.14 | |

(Preço de abertura)

**Negociação de fuga longa** (Long breakout trade).

**B. Será Curta** (Go short) quando o preço alcançar o S4. As metas de lucros estão no S5 e S6. E o *Stop loss* no S3.

| 22-Apr | |
|---|---|
| R6 | 1,880.64 |
| R5 | 1,879.48 |
| R4 | 1,876.68 |
| R3 | 1,874.29 |
| R2 | 1,873.49 |
| R1 | 1,872.69 |
| Previous close | 1871.89 |
| S1 | 1,871.09 |
| S2 | 1,870.29 |
| S3 | 1,869.49 — Stop |
| S4 | 1,867.10 — Ir curto |
| S5 | 1,864.30 — Metas de lucros |
| S6 | 1,863.14 |

(Preço de abertura: S3–S4)

**Negociação de fuga curta** (Short breakout trade).

# Testando a Equação Camarilha

## Testando as dificuldades

Ao pesquisar na Internet, facilmente encontramos várias pessoas que garantem estarem sendo bem-sucedidas ao negociar usando a Equação Camarilha, ou terem tido resultados positivos ao usá-la. Destas, apenas poucas fornecem alguma escassa evidência anedótica e, certamente, insuficiente para avaliar os méritos de qualquer sistema de negociação.

A Equação Camarilha deve funcionar independentemente do ativo negociado ou do período de negociação. Pode, portanto, ser usada para negociar ações, índices, moedas, matérias primas e derivativos em qualquer período de tempo. Esta enorme variedade de possibilidades de negociação faz da Equação Camarilha uma tarefa árdua, cuja complexidade é agravada quando se quer ter em conta os custos de negociação e os preços de compra/venda (spreads) cobrados pelos diferentes corretores. Além disso, alguns ativos, como os pares de moedas, não são negociados em um câmbio, o que significa que a mesma negociação pode ser executada a preços diferentes, dependendo do corretor que o realiza.

Para testar a Equação Camarilha quanto a mercados, ativos e períodos de tempo que sejam do seu interesse, vou providenciar uma ferramenta que você poderá baixar gratuitamente do http://www.morbat.com/ntwz. Ele é um Expert Advisor que trabalha com o MetaTrader4 que é, provavelmente, a plataforma de negociação mais popular, onipresente e disponibilizada por corretores em todo o mundo nos dias de hoje.

## Lucros, Perdas e risco-recompensa

Visto que a Equação Camarilha fornece pontos precisos de entrada e saída para uma negociação, nós podemos calcular o seu lucro máximo, perda máxima e limite de risco-recompensa para qualquer negociação possível. Com essa informação, podemos, então, calcular a proporção de ganho mínima exigida para se ter uma expectativa positiva. Supondo que o indivíduo saia da negociação quando o primeiro nível de lucro for atingido, os cálculos serão da seguinte forma:

## Negociações de reversão longa (Reversal long trades)

O **lucro máximo por negociação** é dado por R1 - S3, ou:

**Lucro máximo** = (Fechamento $_{N-1}$ + Faixa de Preço $_{N-1}$ x 1.1 / 12) - (Fechamento $_{N-1}$ - Faixa de Preço $_{N-1}$ x 1.1 / 4)

**Lucro máximo** = Faixa de Preço N-1 x 1.1 / 3

A **perda máxima por negociação** se dá por S3 - S4, ou:

**Perda máxima** = (Fechamento N-1 - Faixa de Preço N-1 x 1.1 / 4) - (Fechamento N-1 - Faixa de Preço N-1 x 1.1 / 2)

**Perda máxima** = Faixa de Preço N-1 x 1.1 / 4

Portanto, o limite de risco-recompensa por negociação será:

**Limite de risco-recompensa** = (Faixa de Preço N-1 x 1.1 / 3) / (Faixa de Preço N-1 x 1.1 / 4)

Limite de risco-recompensa = 1.33(3).

## Negociações de reversão curta (Reversal short trades)

O **lucro máximo por negociação** se dá por R3 - S1, ou:

**Lucro máximo** = (Fechamento N-1 + Faixa de Preço N-1 x 1.1 / 4) - (Fechamento N-1 - Faixa de Preço N-1 x 1.1 / 12)

**Lucro máximo** = Faixa de Preço N-1 x 1.1 / 3

Da mesma forma, a **perda máxima por negociação** é dada por R4 - R3, ou:

**Perda máxima** = (Fechamento N-1 + Faixa de Preço N-1 x 1.1 / 2) - (Fechamento N-1 + Faixa de Preço N-1 x 1.1 / 4)

**Perda máxima** = Faixa de Preço N-1 x 1.1 / 4

O limite de risco-recompensa por negociação será:

**Limite de risco-recompensa** = (Faixa N-1 x 1.1 / 3) / (Faixa N-1 x 1.1 / 4)

Limite de risco-recompensa = 1.33(3).

## Negociações de fuga longa (Breakout long trades)

O **lucro máximo por negociação** será R5 - R4, ou:

**Lucro máximo** = (R4 + (R4 - R3) x 1.168) - (Fechamento N-1 + Faixa de Preço N-1 x 1.1 / 2)

**Lucro máximo** = Faixa de Preço N-1 x 1.1 / 4 x 1.168

De modo análogo, **a perda máxima por negociação** é dada por R4 - R3, ou:

**Perda máxima** = (Fechamento N-1 + Faixa de Preço N-1 x 1.1 / 2) - (Fechamento N-1 + Faixa de Preço N-1 x 1.1 / 4)

**Perda máxima** = Faixa de Preço N-1 x 1.1 / 4

O limite de risco-recompensa por negociação será:

**Limite de risco-recompensa** = (Faixa de Preço N-1 x 1.1 / 4 x 1.168) / (Faixa de Preço N-1 x 1.1 / 4)

Limite de risco-recompensa = 1.168.

## Negociações de fuga curta (Breakout short trades)

O **lucro máximo por negociação** é dado por S4 - S5, ou:

**Lucro máximo** = S4 - (S4 - (S3 - S4) x 1.168)

**Lucro máximo** = Faixa de Preço N-1 x 1.1 / 4 x 1.168

A **perda máxima por negociação** se dá por S3 - S4, ou:

**Perda máxima** = (Fechamento N-1 - Faixa de Preço N-1 x 1.1 / 4) - (Fechamento N-1 - Faixa de Preço N-1 x 1.1 / 2)

**Perda máxima** = Faixa de Preço N-1 x 1.1 / 4

O limite de risco-recompensa por negociação será:

**Limite de risco-recompensa** = (Faixa de Preço N-1 x 1.1 / 4 x 1.168) / (Faixa de Preço N-1 x 1.1 / 4)

Limite de risco-recompensa = 1.168.

## Proporção de ganho necessária

A tabela a seguir exibe uma proporção de ganho mínima necessária para se alcançar uma expectativa positiva de 0.1 por cada negociação possível dado o seu risco-recompensa.

| *Proporção de Ganho Necessária* | REVERSÃO | FUGA |
|---|---|---|
| Proporção de ganhos | 47.21% | 50.74% |
| Risco-recompensa | 1.33 | 1.168 |
| Expectativa | 0.10 | 0.10 |

Lembre-se, isto tudo supondo que a negociação saiu 100% no primeiro nível de lucro obtido. Você poderá definir outras regras de saída, por exemplo, saindo 50% no primeiro nível de lucro obtido e 50% no segundo nível de lucro obtido e, então, aplicar o mesmo procedimento de teste para os ativos e intervalos de tempo que te interessem.

Novamente, com o intuito de baixar a ferramenta de teste, acesse: http://www.morbat.com/ntwz.

Te desejo tudo de melhor. Negocie com bom senso, se divirta e lucre!

## Sobre o autor

José Manuel Moreira Batista é um investidor e operador privado e que gerencia interesses privados. Após se formar em Administração de Negócios em 1982, ele entrou para a Força Aérea e, após isso, passou a ocupar cargos executivos em várias empresas multinacionais até 1999.

Naquele ano, ele deixou o mundo corporativo e deu início à consultoria e formação de gestão da empresa que ele possui até os dias de hoje. Ele também ministrou cursos universitários em Finanças Corporativas, Contabilidade Financeira, Contabilidade de Custos e Imobiliária.

Para se ter uma ideia geral de sua estranha cronologia de mercado, ele começou a negociar o mercado de estoques em 1987. Caso esteja se perguntando, ele não perdeu dinheiro na quebra da bolsa, tendo sido ~~sortudo~~ habilidoso o suficiente para sair de todos seus posicionamentos alguns dias antes da segunda-feira do dia 19 de outubro. Ele continuou, então, ativamente a negociar, estudar e pesquisar ao passar dos anos.

Seus livros e cursos orientados para resultados combinam a experiência com uma base teórica sólida a fim de entregar um conhecimento prático e fácil de seguir, trazendo, assim, benefícios imediatos aos leitores e estudantes.

# Aviso legal

Este trabalho é apenas para fins educacionais. Os resultados do passado não garantem resultados futuros. Todas as formas de negociação envolvem riscos e a negociação talvez não seja algo adequado para você. Você deve sempre consultar um profissional credenciado antes de negociar. Em qualquer caso, só você é responsável por todas as suas decisões comerciais.

O autor e/ou o editor podem ter um relacionamento filial com todas ou algumas das empresas cujos produtos ou serviços são mencionados neste trabalho. Isto significa que, sem nenhum custo adicional para você, eles podem ganhar uma comissão ou crédito, se você decidir comprar qualquer um dos seus produtos ou serviços.

www.ingramcontent.com/pod-product-compliance
Lightning Source LLC
Chambersburg PA
CBHW040812200526
45159CB00022B/454